Draußen ist es kalt. Kalt und grau.
Fizzel friert, ihm ist stinklangweilig.

Da hat er plötzlich eine Idee, eine prima Idee!

Im hinteren Keller sind ja noch Farben,
und ein Topf voller Pinsel steht auch noch herum.

Fizzel und Fiz malen sich eine riesengroße, warme Sonne.

Hans kommt vorbei. „Das ist ja toll!" sagt er, „darf ich auch mitmalen?"

Evi und Roland wollen Fizzel besuchen.
„Uiii", rufen sie, „lustig! Dürfen wir auch was malen?"

In Joghurtbechern werden Farben kunterbunt gemischt.

Schnaufend, lachend und kichernd entstehen wilde Tiere und komische Bäume.

Langsam wächst ein Urwald die Wand hoch.

„Wir können uns Masken machen und Dschungeltiere spielen", schlägt Hans vor.

„Ja, die malen wir bunt an, und dann grunzen, fauchen und kreischen wir herum."

Bald hallt der Wald wider von den Schreien der Vögel, dem Knurren der Tiere.

Sie stampfen und tanzen und tanzen und stampfen,
bis sie müde sind.

„Jetzt erzähle ich euch von der Sonne", sagt Fizzel. Alle hören gespannt zu. Dann erzählt Evi eine Geschichte vom Affen.

„Ich weiß eine von einem Elefanten", sagt Hans.
Roland denkt sich eine Krokodilgeschichte aus.

Am Abend flüstert Fizzel heiser vom vielen Herumfauchen: „Fiz, war das nicht ein schöner Tag?"